Ute & Tilman Michalski

Papierbilder

gerissen,
geschnitten, geschöpft,
modelliert

Ravensburger Buchverlag

Die Deutsche Bibliothek – CIP-Einheitsaufnahme

Papierbilder/Ute und Tilman Michalski.–
Ravensburg: Ravensburger Buchverl., 1997
ISBN 3-473-37486-5

Die Schreibweise entspricht den Regeln der neuen
Rechtschreibung.

3 2 1   99 98 97

Gesamtgestaltung und Illustration:
Tilman Michalski
Fotos: Ute Michalski
Redaktion: Elke Dannecker
Printed in Germany

ISBN 3-473-37486-5

Inhalt

MEIN NAME IST MIA WESP, ICH BIN PAPIERKÜNSTLERIN UND HELFE HIER BEI DER BUCHFÜHRUNG...

Schnipp-schnapp, zick-zack

Die Schere macht schnipp-schnapp, zick-zack und aus Geschenkpapierresten entsteht ein Fisch mit glitzernden Schuppen. Seine Rückenflosse sieht wie eine Krone aus.

Vielleicht ist er der Fischkönig? Und er ist unterwegs zu seinem Glitzerschloss auf dem Meeresgrund, von dessen Turmspitzen grüngoldene Seesterne funkeln?

Reiße oder schneide Kopf und Körper des Fisches aus Geschenkpapier und befestige die Papierstücke mit Klebestift auf einem Papierbogen. Gib dem Fischkörper eine Schwanzflosse und beklebe den Fisch mit Schuppen. Du kannst sie reißen oder schneiden. Wenn du dabei mehrere Papierstücke übereinander legst, bekommst du gleich mehrere Schuppen auf einmal. Du kannst auch Zacken aus Geschenkpapierstreifen schneiden und die gezackten Streifen als Schuppen auf deinen Fisch kleben. Das geht schnell und schnipp-schnapp – einfach!

Die Katzenmutter führt ihr Kind zum roten Fressschälchen.

Der Raum ist ein Bogen Tonpapier, auf den du einen andersfarbigen Boden klebst. Auf dem Boden können bunte Teppiche liegen, die du aus farbigen Papieren reißen kannst. Die Katzenmutter und ihr Kind schneidest du besser mit der Schere aus. Zeichne mit Stiften die Gesichter ein.

KATZENMUTTER MIT KIND

farbiges Tonpapier DIN A4

Klebestift

Schere

Stifte

GLITZERFISCH

1 Bogen Papier

Schere

Geschenkpapierreste

Klebestift

Väterchen Frost

Mit Handschuhen, Stiefeln und einer Pelzmütze mit Ohrenklappen schützt sich der alte Mann zusätzlich gegen die Kälte. Vom Himmel fallen Schneeflocken aus gerissenen Papierschnipseln. Im Vordergrund sind sie als große Kristalle zu sehen. Falte für die Schneekristalle Scheiben aus dünnem weißen oder transparentem Papier wie ein Faltdeckchen zusammen und schneide eckige Formen aus. Mit Kleister und einem Pinsel kannst du die auseinandergefalteten Deckchen-Kristalle und die Schneeflocken-Schnipsel über den Himmel und die Landschaft verteilen.

VÄTERCHEN FROST

1 Bogen festes Papier

Dispersions- oder Plakafarbe

Pinsel

farbige Papiere, Schere

Klebestift, Kleister

dünne, weiße und transparente Papiere

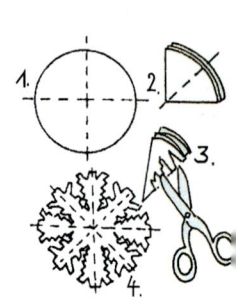

Väterchen Frost geht über das Land. Ende Herbst hat er seine Hütte hoch oben im Norden verlassen und wandert nun in den Süden. Überall, wo er dabei mit seinem Stock dreimal auf die Erde stößt, gefriert der Boden, Seen und Bäche überzieht eine Eisdecke und es beginnt zu schneien.

Male den Himmel mit Dispersions- oder Plakafarbe auf einen großen Bogen Papier. Die Farben sind nicht wasserlöslich und du kannst später auch mit Kleister darauf arbeiten. Suche Buntpapiere in unterschiedlichen „Schneefarben" aus und reiße daraus die Hügel der Landschaft. Klebe die großen Stücke mit Klebestift auf den getrockneten Hintergrund. Wie das Väterchen mit seinem langen weißen Bart, ist auch sein Mantel schon sehr alt und oft ausgebessert worden. Schneide den langen Mantel aus und beklebe ihn mit gerissenen Papierflicken.

Die Faschingsprinzessin hat sich eine rote Nase gemalt, eine Maske vor die Augen gebunden und ihre Krone auf den Kopf gesetzt. Jetzt stürzt sie sich Konfetti werfend in den Faschingstrubel.

„Nähe" der Prinzessin mit dem Klebestift aus glitzernden und farbigen Papierresten ein lustiges, buntes Ballkleid, schicke sie zum Luftschlangenfrisör – und schon hast du ein Plakat für deine Faschingsparty!

FASCHINGS-PRINZESSIN

1 Plakatkarton

bunte und glitzernde Papierreste

Schere

Klebestift

Bunt- oder Filzstifte

Luftschlangen

Konfetti

Alles einsteigen!

Bei Nacht und Nebel warnt ein Leuchtturmfeuer den Kapitän auf hoher See vor der steilen Küste. Jetzt, bei Tage, sind die Klippen gut zu erkennen.

Male mit Ölkreiden an den oberen Rand einer festen Graupappe ein Stück Himmel und reiße aus Wellpappe einen Streifen sanft gewelltes Grasland. Mit Ölkreide kannst du es grün färben. Reiße dir eine Anzahl verschiedener „Klippenstücke" aus der Wellpappe und klebe sie mit Ponal fest. Achte darauf, dass sich das Rippenmuster dabei öfter leicht verschiebt. Die Klippen treffen unten auf ein Meer aus gewelltem, blauem Karton. Mit gerissenen Streifen aus weißem Papier kannst du die gischtende Brandung andeuten. Für den Leuchtturm suche dir einen guten Standplatz am oberen Klippenrand.

Fenster, Türen und Luken sind schon fest verschlossen. Nun heißt es aber Beeilung für Elefant, Krokodil, Fuchs und Kuh! Keine Angst, alle kommen mit – der Laufsteg ist noch nicht eingeholt.

Vor dem Marsch der Tiere zur Arche steht für dich das Sammeln von Verpackungspapieren. Das große Schiff mit dem Haus kannst du aus Kartons und Wellpappe schneiden. Das Rippenmuster der Pappe ist dem Muster von Schiffsplanken und den Brettern eines Holzhauses sehr ähnlich. Für die Tiere nimm Packpapier und Tüten in unterschiedlichen Farben. Wenn du beim Ausschneiden das Papier doppelt legst, hast du von jedem Tier gleich ein Paar.

ARCHE UND TIERE	STEILKÜSTE
Verpackungskarton	1 Bogen feste Graupappe
Wellpappe	Wellpappe
Packpapier	blauer Wellenkarton (Geschenkpapier)
Tüten	Ponal und breiter Pinsel
Bleistift	Ölkreiden (Jaxon)
Klebestift	
Schere	

Der Seidenlaubenvogel

Klebe sie mit einem Pinsel und Kleister auf die obere Hälfte eines Papierbogens. Vor dem Zerreißen kannst du den Papieren für den Laubvorplatz mit Ölkreidestiften Blattadern aufmalen. Klebe die Laubstücke neben- und übereinander. Verteile darauf Papierschnipsel (auch Stoff, Federn, Plastikteile) in unterschiedlichen Blautönen. Den tanzenden Seidenlaubenvogel – er sieht unserer Amsel sehr ähnlich – schneide mit der Schere aus. Gib ihm noch ein gelbes Blättchen in den Schnabel (er macht das wirklich!) und du kannst sicher sein, dass er eine Frau bekommt.

SEIDENLAUBEN-VOGEL

1 Bogen festes Papier

farbige Papiere

Ölkreide (Jaxon)

Kleister mit Pinsel

Er lebt weit weg, im fernen Guinea. Zum Anlocken eines Weibchens steckt er Halme in den Boden, die er wie eine Hütte, eine Allee oder rund wie eine Manege anordnet. Den Platz davor schmückt er mit allen blauen Gegenständen, die er finden und in seinem Schnabel wegtragen kann. Denn Blau ist die Lieblingsfarbe des Weibchens. Ist alles schön gerichtet, beginnt das Männchen wippend zu tanzen und ahmt dabei Geräusche nach, wie den Ruf anderer Vögel, das Quaken von Fröschen oder das Knacken der Bäume im Wind. Suche dir Papiere in den Farben von Laub und trockenen Halmen aus. Wenn du das Papier der Halme in seiner „Laufrichtung" reißt, kannst du aus geraden und spitz zulaufenden Papierstreifen eine Alleereihe bauen.

Die Frauen in Westafrika tragen ihr Haar unter einem Turban und kleiden sich mit farbenfroh gemusterten Tüchern. In manchen Gegenden schmücken sie auch ihre Lehmbauten mit großen Mustern und Zeichen.
Bevor du mit dem Porträt einer schönen Afrikanerin beginnst, kannst du das lehmfarbene Hintergrundpapier mit verschiedenen Kartoffelstempeln mustern. Halbiere dazu die Kartoffeln, und schneide Linien oder Zeichen aus den glatten Schnittflächen. Bestreiche die Flächen mit Deckfarbe und drücke die Farbe auf das Papier. Für die Kleidung und den Turban der Frau stelle dir ein „Stoffsortiment" aus unterschiedlichen Kleisterpapieren zusammen. Bestreiche dazu Buntpapierbogen mit einer durchsichtigen Kleisterschicht.

Färbe den Kleister durch Auftupfen von Deckfarbe oder Dispersionsfarbe und kratze mit einem Pappstreifen verschiedene Muster in die feuchte Schicht. Du kannst dazu auch deine Finger, ein Stäbchen oder einen „Kamm" aus Pappe verwenden.

Das Gesicht und den Körper der Frau schneide aus Buntpapieren aus. Mit Perlen aus glänzendem Folienpapier und Ketten aus gezwirbelten Krepppapierstreifen kannst du die Afrikanerin noch schmücken.

KLEISTER

DISPERSIONS FARBE

1.

2.

3.

KAMM"

AFRIKANERIN

1 Bogen Papier, ockerfarben
farbige Papiere
Kleister
Pinsel
Kartoffel
Gemüsemesser
Deck-
oder Dispersionsfarbe
Folienpapier
Krepppapier
Klebestift

Fensterhühner

Milde Frühlingsluft liegt über dem Land und erstes Weidengrün wagt sich aus dem Wintergrau. Weiße Schlehenhecken sprenkeln den Feldrain hinter kahlen Rebstockreihen und vereinzelte Mandelbäume tupfen ihr Rosa vor sienabraune Äcker. Freudig aufgeregte Hühner laufen über Fensterscheiben: Es ist Ostern!

Diese Fensterbilder, aus Batikpapier, machst du am besten in der Küche. Denn solltest du Farbe verschütten, kannst du sie dort am schnellsten aufwischen. Decke deinen Arbeitsplatz mit mehreren Lagen Zeitungspapier ab und schmelze weiße Kerzenreste. Benütze dazu ein Stövchen mit Teelicht – nicht die Herdplatte! Das Wachs könnte dort Feuer fangen. Stelle Gläser mit aufgelöster Ostereierfarbe in Rot, Gelb und Blau bereit. Aus diesen Grundfarben mischst du dir in weiteren Gläsern die Farben Orange, Grün und Lila. Zeichne mit Bleistift die Umrissform des Hühnchens auf. Ist das Wachs geschmolzen, tauche mit einem Borstenpinsel ein und bemale mit dem flüssigen Wachs alle Stellen, die weiß bleiben sollen.

Anschließend wird das Huhn mit Ostereierfarben bemalt. Wasche den Pinsel gut aus, bevor du ihn in eine andere Farbe tauchst. Die Farbe in den Gläsern ist sonst schnell verschmutzt. Nach dem Trocknen kannst du noch einmal mit Wachsflecken und -streifen über dein Bild gehen. Wenn du anschließend wieder mit Eierfarbe darüber malst, entstehen neue Farbkompositionen. Ist das Bild fertig und trocken, lege es auf mehrere Zeitungen. Darüber kommt ein Bogen unbedrucktes Papier. Fahre mit dem Bügeleisen darüber, bis das Wachs darunter geschmolzen und das ganze Bild mit Wachs getränkt ist. Das Wachs macht das Bild transparent. Du kannst nun die Wiese und das Huhn im Umriss ausschneiden und mit durchsichtigem Klebefilm an eine Fensterscheibe kleben.

WEISSE KERZENRESTE

STÖVCHEN

1.

2.

OSTEREIER FARBE

3.

4.

ZEITUNGEN

FENSTERHUHN

1 Bogen dünnes weißes Papier
Ostereierfarben
1 Borstenpinsel
1 Haarpinsel
1 Stövchen mit Teelicht
weiße Kerzenreste
Zeitungspapier
1 Bogen unbedrucktes Papier
Bügeleisen
Schere, Bleistift

13

König der sieben Meere

Fjorde werden in Norwegen die langen Meeresarme genannt, die zwischen hohen Bergen weit in das Landesinnere reichen. Das nebenstehende Bild, aus gerissenen Mamorpapieren, zeigt den Ausblick auf einen Fjord. Bei der Entstehung des Bildes ließ man sich von der Farbigkeit und den Mustern der gerissenen, marmorierten Papiere anregen. Hast du Lust, mit selbst gemachten Marmorpapieren zu experimentieren? So entstehen sie:

Drücke etwas Ölfarbe aus der Tube in ein Glas und verdünne sie mit Terpentinöl. Gib ein paar Tropfen der flüssigen Farbe in eine flache Wanne mit Wasser, lege einen Papierbogen darauf und hebe ihn gleich wieder ab: Farbige Flecken und Schlieren werden ihn überziehen! Wenn du statt weißem Papier farbige Papiere in gedämpften Tönen verwendest, wirst du Öltunkpapiere wie auf dem Fjordbild erhalten. Aus diesen Papieren kannst du auch gemusterte Echsen oder Riesenschlangen reißen, einen Marmorpalast ausschneiden oder eine eigene Landkarte herstellen.

Ein Pottwal ist im Eismeer aufgetaucht. Beim Ausatmen steigt eine Wasserdampfwolke aus dem Blasloch an der Oberseite des kastenförmigen Kopfes auf. Der Wal ist ein Säugetier; er kann über eine Stunde lang tauchen, bevor er wieder Luft schöpfen muss. Seine Lieblingsnahrung, den Tintenfisch, spürt der Pottwal in dunklen, manchmal über 2000 Meter tiefen Meeresgründen auf. – Gleich ist er wieder verschwunden! Mit ruhigen, majestätischen Bewegungen, scheinbar schwerelos, zieht er weiter durch die Meere.

Das Bild aus gerissenen Buntpapieren könnte ein Plakatmotiv sein gegen die Verschmutzung der Meere oder für ein Walfangverbot.

FJORD

1 Bogen kräftiges Papier
farbiges Papier
Künstlerölfarben
Terpentinöl
1 flache Wanne (Laborwanne, altes Ofenblech)
Klebestift, Wasser

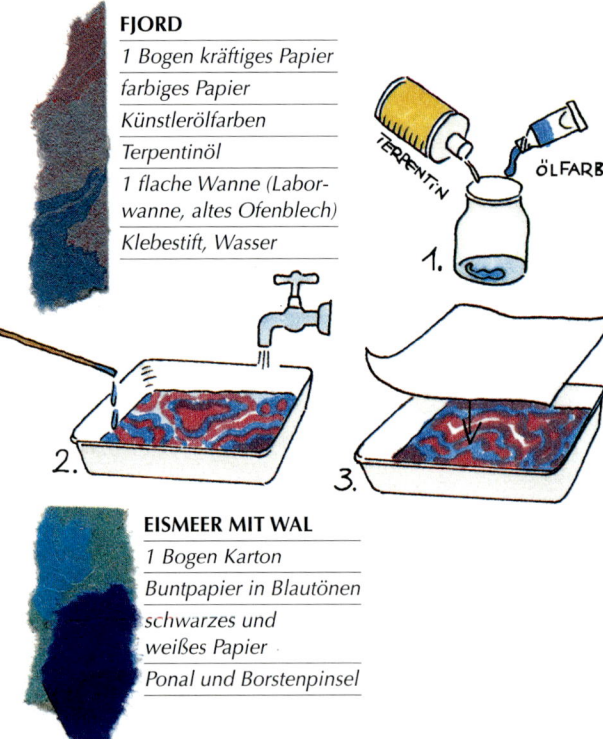

EISMEER MIT WAL

1 Bogen Karton
Buntpapier in Blautönen
schwarzes und
weißes Papier
Ponal und Borstenpinsel

Alarm auf der Enterprise

![Scherenschnitt-Collage: Blick aus dem Raumschiff Enterprise]

Das Raumschiff Enterprise schwebt in den Orbit des Doppelsternsystems Alpha- und Beta-Kira ein. Aufgrund tektonischer Aktivitäten ist der Sauerstoffanteil der Atmosphäre an Bord dramatisch gesunken. Es nähert sich eine Wissenschafts-Raumfähre des Planeten Beta-Kira. Captain Picard lässt Lieutenant Worf eine Einflugschleuse öffnen, um mit den kirianischen Wissenschaftlern geeignete Rettungsmaßnahmen zu ergreifen.

Denke dir ein Raumschiff aus und zeichne Aussichtsfenster, Schaltpult und Besatzung auf schwarzes Papier. Versuche die Figuren von der Seite zu zeichnen, damit man sie an ihren Umrissen besser erkennen kann. Schneide mit einer spitzen Schere – vorsichtig um die Figuren herum – die „Fensterscheibe" aus. Klebe den Scherenschnitt auf ein Hintergrundpapier. Auf ihm soll die Aussicht aus dem Raumschiff dargestellt sein.

Färbe dazu einen Bogen Zeichenpapier mit Deckfarben: Der Weltraum kann viele verschiedene Farben haben, denn er wird von vielen Sternen erhellt. Mit breitem Pinsel und viel Wasser kannst du sanfte Farbverläufe malen.

Nach dem Trocknen des Papiers klebst du Planeten, Sterne, Meteorenschwärme und Raumstationen auf, die du aus Bunt-, Marmor- oder Kleisterpapierresten schneidest. Bestücke das Amaturenbrett mit Monitoren, Messuhren, Schaltknöpfen und allem, was für einen Flug in andere Welten nötig ist.

RAUMSCHIFF

1 Bogen schwarzes Tonpapier

1 Bogen Zeichenpapier

Bunt- und Schmuckpapierreste

Farbstifte, Deckfarben

Klebestift

Mit einem Overheadprojektor, einem Film- oder Diaprojektor und der Hilfe eines Freundes kannst du dir dein eigenes Schattenporträt machen: Befestige einen Bogen dünnes Zeichenpapier mit Klebeband auf einer Glasscheibe, zum Beispiel auf der Glasfüllung einer Türe oder eines Schrankes. Stelle dich so nah wie möglich vor die Glasscheibe und lasse dich von einem Projektor beleuchten. Der Schatten deines Kopfes und Körpers wird auf dem Papier deutlich zu sehen sein. Dein Freund braucht ihn nur mit einem Stift zu umfahren. Nimm das Papier von der Scheibe und befestige es mit Klebeband auf einem Bogen Scherenschnittpapier. Wenn du beide Papiere entlang der Schattenlinie ausschneidest, erhältst du ein Schattenporträt in Originalgröße. Möchtest du es kleiner haben, musst du das Papier mit der Schattenlinie vorher auf einem Kopiergerät verkleinern. Wenn du, wie hier abgebildet, die Umrisse deines Körpers nicht auf Scherenschnittpapier, sondern auf Schmuckpapier legst, kannst du dir einen Pullover mit wildem Kleisterpapiermuster (siehe Seite 11) „stricken".

Jeder hat seine unverwechselbare Silhouette, das ist die Umrissform. Als es noch keine Fotografie gab und ein gemaltes Porträt für viele Menschen zu teuer war, konnte man sich für wenig Geld von einem Silhouettenschneider porträtieren lassen. Heute triffst du selten auf einen Silhouettenschneider, der, ohne vorzuzeichnen, mit kleiner spitzer Schere, geschultem Auge und flinken Fingern aus einem kleinen schwarzen Papierstück Gesichter von größter Ähnlichkeit zaubert.

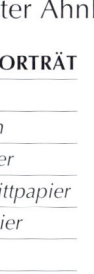

SCHATTENPORTRÄT

Projektor
Glasscheiben
Zeichenpapier
Scherenschnittpapier
Schmuckpapier
Bleistift
Klebeband
Klebestift

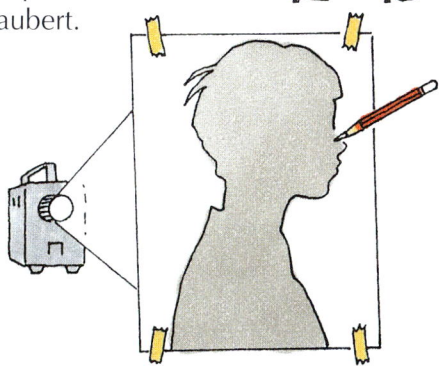

17

Höhlenabenteuer

Der Höhlenforscher ist in ein Höhlen-labyrinth eingedrungen. Er hat sich durch schmale Felsenkamine gezwängt, hat einen unterirdischen Fluss durchschwommen und ist durch einen niedrigen Gang gekrochen. Als er sich aufrichtet, fällt der Lichtschein seiner Lampe am Schutzhelm in einen großen Höhlendom mit Tropfsteinen, die von der Decke wachsen. Aus der Dunkelheit tappt etwas auf ihn zu und es kommt zu einer überraschenden, unglaublichen Begegnung: Vor ihm steht ein riesiger Saurus-Lupus aus der Familie der Sternenschwänze! Einmalige klimatische Bedingungen haben das urzeit-liche Tier hier unten die Stürme auf Erden über-dauern lassen. Das Höhlenlabyrinth ist groß. Wer weiß, was in den Nachbarhöhlen sonst noch alles zu finden ist?

Es wäre ein lohnender Stoff für ein Schatten-theater.

Zeichne deine Höhle auf schwarzes Tonpapier und schneide mit einer spitzen Schere alle „Luft" um deine Figuren herum und in der Höhle weg. Klebe den fertigen Scherenschnitt auf ein Untergrundpapier.

HÖHLE

1 Bogen schwarzes Tonpapier

1 Bogen Zeichenpapier

spitze Schere

Bleistift

Kleber

COWBOYS

Bleistift
schwarzes
Tonpapier
Schere
Hintergrund-
papier
Kleber

Im Wilden Westen ist was los! Bei den Cowboys sieht man gleich, was gespielt wird. Möchtest du weiterspielen? Dann besorge dir Papier und Schere!

Tropentraum

Professor Bienlein ist von einer Urwald-expedition zurückgekehrt. Weil er sich nicht nur für seltene Insekten interessierte, sondern auch für die Belange der Indios, haben ihm die Einheimischen zum Abschied ein dunkles Blatt geschenkt. In das Blatt ist ein schönes Bild geritzt: Es zeigt den Professor bei einer Flussfahrt auf einem Nebenarm des Rio Negro. Der Professor hat sich das Bild gerahmt und neben seiner Bücherwand aufgehängt. Jedesmal, wenn er es betrachtet, träumt er vom betörenden Duft tropischer Blumen und -Gewürze, hört Vogelstimmen und sieht schillernde Riesenfalter, die mit langsamen Flügelschlägen der untergehenden Sonne entgegenschweben.

Ziehe auf der weißen Seite eines Scherenschnittpapiers einen fingerbreiten Rahmen und zeichne dein Urwaldmotiv hinein. Die Äste der Bäume, der Fluss und seitlich Tiere oder Pflanzen stoßen an diesem Rand an und dürfen beim Ausschneiden nicht von ihm abgetrennt werden. Schneide die Umrissformen der Pflanzen, Tiere und Menschen auf einer Unterlage mit einem Schablonenmesser aus und entferne um sie herum die „Luft". Es entstehen dabei Löcher wie bei einer Spitzendecke – durch den Rahmen wird alles zusammengehalten. Klebe den schwarzen Scherenschnitt auf ein Untergrundpapier und gib ihm einen farbigen Papierrahmen.

Beim großen, prachtvoll schillernden Tropenfalter kannst du die „Haut" zwischen den Adern der Flügel ausschneiden und anschließend die Flügel mit glänzenden Metallpapieren hinterlegen.

FLUSSFAHRT IM URWALD

1 Bogen Scherenschnittpapier

Unterlage (Pappe, Zeitungen)

Schablonenmesser

1 Bogen Zeichenpapier

Buntpapier für den Rahmen

Bleistift

TROPENFALTER

schwarzes
Papier

spitze Schere

Folienpapier

Klebestift

Grüß dich, Franz!

Servus, Hans! Wie geht es dir, Fridolin? Drei Freunde treffen sich auf der Straße und haben sich viel zu erzählen.

Lege drei Blätter Papier übereinander und schneide ein Porträt aus – du wirst drei gleiche Porträts erhalten! Wenn du willst, dann kannst du sie mit Stiften unterschiedlich anmalen oder ihnen Sprechblasen an den Mund zeichnen: Man wird dann gleich wissen, über was sie sich unterhalten!

UNTERHALTUNG

*3 Blatt Schreib-
maschinenpapier*

*1 Bogen
Tonpapier*

Bleistift

Schere

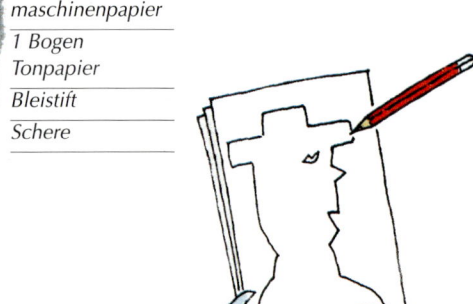

Falte einen Bogen Papier zweimal zusammen und zeichne einen Blumentopf mit Blume auf die längliche Vorderseite. Der obere Topfrand und auch die Blätter sollten dabei die seitlichen Ränder berühren. Schneide den Blumentopf aus. Wenn du das Papier auseinander faltest, erhältst du eine Blumentopf-Reihe. Mehrere Reihen bilden eine Girlande und du kannst damit die Fenster zum nächsten Geburtstagsfest schmücken!

BLUMENTÖPFE

*weißes
Zeichenpapier*

Bleistift, Schere

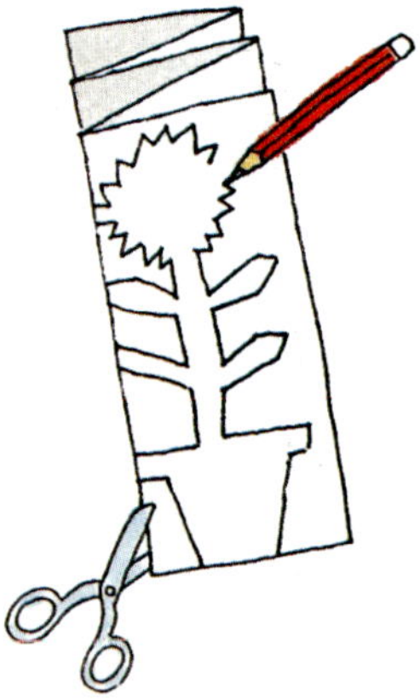

Es ist Ferienbeginn und Stauzeit! Pkws, Lieferwagen, Kleintransporter, Sattelschlepper und Reisebusse sind unterwegs. Obwohl die Autobahn vor der großen Stadt vielspurig ist, geht der Verkehr nur schleppend vorwärts.

Falte einen Streifen Scherenschnittpapier zweimal zusammen und schneide einen Autotyp aus – du wirst vier gleiche Autos erhalten. Wenn ihr zu mehreren seid, habt ihr schnell ein Verkehrschaos zusammen!

VERKEHR

Scherenschnittpapier

Schere

Kleber

Untergrundpapier

Herzlichen Glückwunsch!

Als deine Urgroßeltern noch jung waren, gab es den schönen Brauch, selbstgemachte Glückwunschkarten zu verschicken: Herzen mit Tauben und Vergissmeinnicht oder Blumensträuße, alles aus Buntpapier ausgeschnitten. Willst du es auch einmal versuchen? Das benötigte Buntpapier kannst du selber machen. Für Blätter und Stängel malst du breite Bänder in unterschiedlichen Grüntönen auf weißes Zeichenpapier. Für die Blumen streifst du das Papier in Blautönen, Gelb und Orange, Violett, Rot und Rosa. Schöne Farbverläufe entstehen, wenn du mit breitem Pinsel waagerechte Striche einmal mit mehr Farbe, einmal mit mehr Wasser aufträgst. Ist die Farbe trocken, schneidest du die Farbbänder aus und faltest sie wie eine Ziehharmonika in breiten Falten zusammen. Zeichne auf die oberste Falte den Umriss eines Blattes, eines Stängels, einer oder mehrerer Blüten und schneide die Form mit spitzer Schere aus dem Papierstapel. Ohne große Mühe erhältst du so mehrere Exemplare derselben Form. Bald hast du so viele Blätter, Blüten und Stängel zusammen, dass du damit eine Vase füllen kannst. Du brauchst sie nur noch aufzukleben.

Ein Tanzvergnügen bei dem die Röcke fliegen! Falte das selbst gefärbte Streifenpapier einmal in der Mitte zusammen. Zeichne eine Tänzerin auf und – unmittelbar an der Falzkante – die halbe Figur der mittleren Tänzerin. Wenn du das Blatt nach dem Ausschneiden aufklappst, hast du ein fröhliches Trio.

BLUMENSTRAUSS

2 – 3 Bogen Zeichenpapier

Deckfarbe

breiter Pinsel

Bleistift

spitze Schere

Untergrundpapier

Klebestift

TÄNZERINNEN

1 Zeichenblatt

Deckfarben

breiter Pinsel

spitze Schere

Lebendige Edelsteine

Klein, wie ein Staubkorn oder handgroß können sie sein, vielfarbig glänzend bei Tag, einige leuchten grünlichweiß bei Nacht. Sie sind länglich, oval, breit oder halbrund und dabei unterschiedlichst geformt: Käfer, die plastischen Kostbarkeiten aus Chitin.

Über 350 000 Arten leben auf der Erde. Manche tragen Zangen, die wie ein Geweih aussehen oder einen Kopf, der wie ein Rüssel, manchmal wie ein Nashorn geformt ist. Laufkäfer sind an ihren schlanken, langen Beinen zu erkennen und Flugkäfer an ihrem zarten, zweiten Flügelpaar, das sie zusammengefaltet unter den festen Deckflügeln verstecken.

Schneide, aus schwarzem Fotokarton einen Streifen aus. Ritze ihn der Länge nach und falte ihn zusammen. Zeichne die halbe Form eines Käfers mit Kopf, Brustschild und Hinterleib und schneide sie aus. Wenn du den Streifen aufklappst, hast du den ganzen Körper. Beklebe den Hinterleib mit farbigem, stumpf oder metallisch glänzendem Papier. Schneide die Überstände ab.

Aus weiteren Buntpapieren kannst du Flecken- und Streifenmuster reißen, mit denen die Flügel geschmückt werden. Wenn du das Papier doppelt nimmst, erhältst du zwei gleiche Formen: für jeden Flügel eine. Knicke die sechs Beine des Käfers aus drei dünnen Fotokartonstreifen und klebe sie auf der Unterseite der Brust fest. Auch die beiden Fühler am Kopf bestehen aus einem dünnen, in der Mitte geknickten Kartonstreifen. Mit Stecknadeln werden die Papierkäfer in einer Schachtel aufgespießt. Als plastisches Bild kannst du nun deine kostbare Käfersammlung aufhängen.

KÄFERKASTEN

1 Bogen schwarzer Fotokarton

Buntpapier

Folienpapier

Geschenkpapier

Schere

Klebestift

Stecknadeln

Schachtel

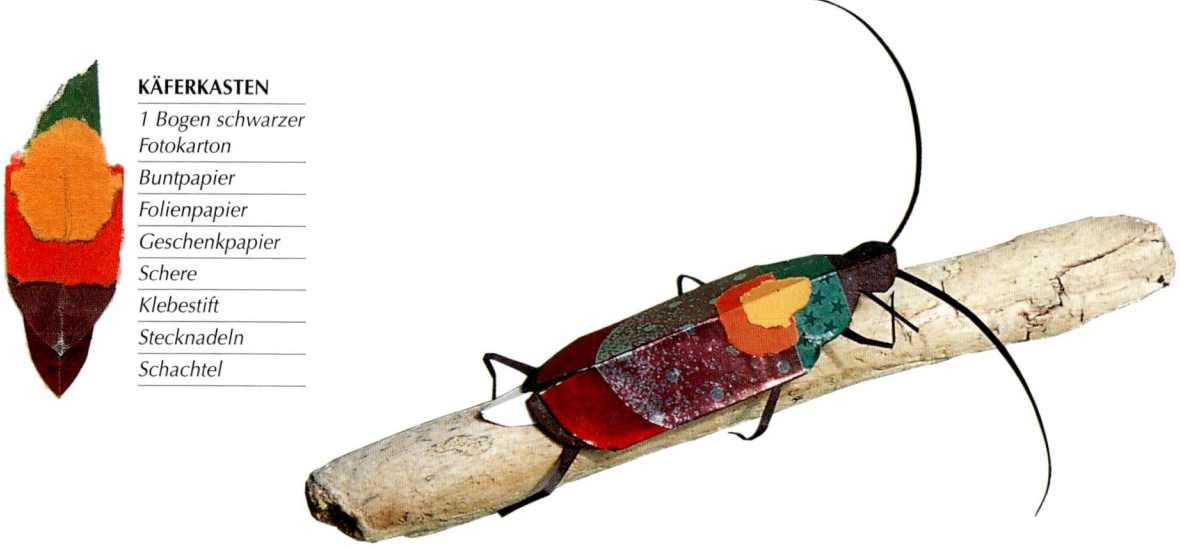

Das sprechende Bild

Anna hat ihrer Mutter ein Bild geschenkt: „Damit du nicht alleine bist und dich mit mir unterhalten kannst, wenn ich in der Schule bin!", hat sie dazu gesagt.

Das Selbstporträt ist ein plastisches Bild, das aus Zeitungspapier und Kleister entstanden ist. Suche dir einen Untergrund, der sich durch Feuchtigkeit wenig verzieht, zum Beispiel Holzpappe, eine Hartfaser- oder Pressspanplatte. Tauche deine Hände in Kleister und bestreiche damit rasch und oberflächlich halbe Zeitungspapierbögen. Knülle die Bögen locker zusammen und forme mit ihnen Kopf und Körper auf der Untergrundplatte. Mit breiten Kleisterpapierstreifen kannst du das geknüllte Papier am Untergrund festkleben.

28

Bilde aus Kleisterpapier große und kleine Schnüre für Haare, Augenbrauen und Lippen und Kugeln für Augen und Nase. Kaschiere die aufgesetzten Teile mit kleinen Kleisterpapierstücken. Den Rahmen bilden Zeitungspapierbögen, die mit Kleister bestrichen und zu einem Wulst zusammengedrückt wurden. Grundiere das Bild nach dem Trocknen mit weißer Dispersionsfarbe. Sie bildet einen wasserfesten Untergrund für die anschließende Bemalung mit Deckfarben.

Die Stillleben mit Obstschale entstehen wie das Mädchenporträt aus Zeitungspapier und Kleister. Forme erst die Schale, bevor du sie mit Früchten – großen und kleinen Kleisterpapierknäueln – füllst. Nach der Grundierung mit weißer Dispersionsfarbe und der Bemalung mit Deckfarbe kannst du das Bild rahmen.

Schneide den Rahmen mit einem Teppichmesser und einem Eisenlineal aus Verpackungskarton und schmücke ihn mit Kleisterpapierschnüren, -wülsten oder -noppen. Nach der Bemalung wird er mit Ponal auf das Bild geklebt.

ANNAS PORTRÄT

Holzpappe

Zeitungspapier

Dispersionsfarbe, weiß

Deckfarben

Kleister

STILLLEBEN MIT RAHMEN

1 Hartfaserplatte

1 Kartonplatte

Zeitungspapier

Kleister

Dispersionsfarbe, weiß

Deckfarben

Teppichmesser

Ponal

Insel im Meer

Vom Flugzeug aus ist die Insel mit allen Einzelheiten gut zu erkennen: dunkelgrüner Wald und hellgrüne Wiesen, ein graues Felsengebirge in der Mitte und ein blauer See, helle Strände und Gemüsefelder, auf denen Karotten, Tomaten und Salat angebaut werden. Wege verbinden die bunten Häuser und auf dem Wasser sind Schiffe zu sehen. In Ufernähe ist das Meer hellblau, tiefere Stellen sind an der dunkelblauen Farbe zu erkennen.

Das Inselbild ist aus Papierpulpe entstanden, und mehrere Kinder haben von allen Seiten daran mitgeformt. Es hat ihnen Spaß gemacht, denn die Pulpe durften sie selber zubereiten, und die Insel ist schnell fertig geworden.

So entsteht Pulpe: Besorge dir einen Küchenmixer und fülle ihn dreiviertelvoll mit lauwarmem Wasser. Reiße zwei bis drei Bogen Tonpapier (DIN A4) in kleine Stücke und gib die Papierstücke in das Wasser. Drücke den Deckel fest auf das Mixerglas und schalte den Mixer auf seine höchste Stufe. Nach wenigen Augenblicken ist das Papier in kleinste Teile püriert. Hänge ein Küchensieb über einen kleinen Eimer oder Topf. Nimm das Glas von der Maschine, öffne den Deckel und gieße den Inhalt in das Sieb. Ist alles Wasser abgelaufen, klopfst du den Papierbrei aus dem Sieb in eine Plastikschüssel. Nun kannst du den Brei mit der Hand in einen leeren Plastikbecher füllen. Die Masse bleibt zwei bis drei Wochen frisch, wenn sie unter einem Deckel oder mit Folie verschlossen bleibt.

Für jede Farbe brauchst du einen eigenen Plastikbecher. Willst du, dass die Farben sauber bleiben, musst du das Mixerglas bei jedem Farbenwechsel mit klarem Wasser gut ausspülen. Verrühre in jede Farbe im Plastikbecher einen Esslöffel Kleister, bevor du mit dem Bild beginnst. Mit einem Teelöffel bringst du die Pulpe auf deine Bildfläche. Drücke sie mit dem Löffel fest. Den Stiel des Löffels kannst du für Korrekturen verwenden. Über eine erste Pulpeschicht kannst du eine zweite setzen, zum Beispiel auf das Blau des Sees das Weiß und Schwarz der Enten. Wenn die untere Schicht schon angetrocknet ist, geht es noch besser. Das Bild braucht einige Tage, bis es trocken ist.

EINFARBIGE PAPIERSCHNITZEL

1.

2.

3. 1 ESSLÖFFEL KLEISTER

4.

INSEL

Tonpapier

1 großer Bogen Holzpappe

Mixer

lauwarmes Wasser

Kleister

Teelöffel

Maskenzauber

Merkst du, wie dich jemand anschaut, mit geheimnisvollem Blick? Die Augen der Maske sind durch verschiedenfarbige Ringe betont und die kleinen schwarzen Punkte im Augenweiß mustern dich eindringlich. Ähnlich malen sich Papua-Indianer in Neuguinea die Gesichter an, wenn sie ihre rituellen Feste feiern. Jeder färbt sein Gesicht anders und betont besonders Augen und Nase. Dazu werden Blütenstaub, Ruß, Asche und Erdfarben verwendet. Die bemalten Gesichter werden mit einem Kopfputz aus Blättern und bunten Federn „gekrönt". Wie würdest du dein Gesicht bemalen, wenn du ein Papua wärst?

Verwende dazu Pulpe (siehe Seite 30) und denke, es wäre Asche oder Blütenstaub, wenn du die Papiermasse mit dem Teelöffel zu einer Maske formst. Ein Tip für den Fasching oder ein Theaterspiel: Wenn du der farbigen Pulpe noch zwei Esslöffel Ponal und feines Sägemehl beimengst, erhältst du eine stabile Maske zum Umbinden oder Vorhalten. Du musst nur noch Löcher für deine Augen an entsprechender Stelle einstechen.

MASKE, TEPPICH

Pulpe
fester Karton
Teelöffel

Mit farbiger Pulpe, die du mit dem Löffelstiel zu einem Muster schiebst, kannst du auch den Entwurf für ein Teppichmuster gestalten.

Pulpe haftet nicht nur auf einem Untergrund aus Papier oder Pappe, sondern auch auf Stein. So werden aus der Papiermasse und glatt geschliffenen, großen Kieseln oder Ziegelscherben „Schmucksteine". Der Zettelkram auf einem Schreibtisch lässt sich damit hübsch beschweren.

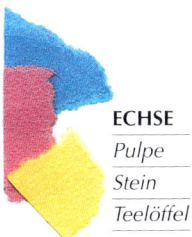

ECHSE
Pulpe
Stein
Teelöffel

33

Handzeichen

Die Hände und der Handschuh, ebenso die Bilder auf den folgenden Seiten, werden aus Papier geschöpft. Bei Händen und Handschuh bildet ein dunkler Bogen aus handgeschöpftem Papier den Hintergrund.

Zerkleinere, wie bei der Herstellung von Pulpe (siehe Seite 30), schwarze Papierstücke in einem Mixer. Schütte die Mixerfüllung nicht durch ein Sieb, sondern in eine große Plastikwanne mit lauwarmem Wasser. Mehrere Mixerfüllungen sind nötig.

Rühre vor dem Schöpfen die schwimmenden Papierfasern vom Wannengrund auf! Tauche mit Schöpfrahmen und Deckel (siehe Seite 37) senkrecht in das Wasser. Drehe den Rahmen unter Wasser waagerecht, damit sich die Papierteilchen auf ihm absetzen können, und hebe ihn langsam an die Oberfläche. Ist das Wasser abgelaufen, entferne den Deckel, stürze das Sieb und presse die feuchte Papierschicht auf ein nasses Allzwecktuch. Das Tuch muss glatt auf einer beschichteten Pressspanplatte liegen. Schneide aus festem Zeichenpapier eine Handschablone. Tauche sie in Wasser und lege das feuchte Papier auf das Sieb des Schöpfrahmens. Gieße im Mixer zerkleinertes Papier in einen Plastikbecher. Schütte die flüssige Pulpe vorsichtig aus dem Becher in das Schablonenloch. Ist das Wasser abgelaufen, nimmst du die Schablone vom Rahmen und drückst das Sieb mit der Papierhand auf das feuchte Untergrundpapier. Lege über Hand und Papierschicht ein zweites feuchtes, glattes Tuch. Auf dem Tuch wird der nächste nasse Papierbogen mit der nächsten bunten Hand abgelegt usw. Auf das letzte Tuch wird die zweite Pressspanplatte gelegt und mit Hilfe von Schraubzwingen das Wasser aus dem Stapel gepresst. Läuft kein Wasser mehr ab, löst du die Zwingen und hebst die Tücher ab. An jedem Tuch haftet eine Papierschicht. Lege die Papierschicht auf eine glatte Unterlage, löse vorsichtig das Tuch ab und lass dein Papier trocknen.

Einen lustigen Handschuh kannst du auch so „stricken": Gieße verschiedene Farben von flüssiger Pulpe nacheinander in Linien oder tropfend über die Schablone.

BUNTE HÄNDE UND HANDSCHUH

Mixer

Schöpfrahmen mit Deckel

Allzwecktücher für den Haushalt

2 Pressspanplatten

Tonpapier

Zeichenpapier, Bleistift

Schere

Plastikwanne

Schraubzwingen

1.

2.

SCHABLONE

3.

4.

FLÜSSIGE PULPE

5.

Ein begabter Verwandlungskünstler

Langsam und bedächtig bewegt sich das Chamäleon bei seinen Jagdausflügen durch die Zweige von tropischen Regenwäldern. Regungslos liegt es auf der Lauer, nur seine Augen kreisen dabei ständig und unabhängig voneinander, auf der Suche nach einem Insekt. Hat es ein Opfer erspäht und ist die Beute nahe genug, schießt blitzartig die lange Zunge des Chamäleons hervor und fasst sich den „Braten". Das Chamäleon kann je nach Stimmung die Farbe seiner Umgebung annehmen, meist grün oder braun und es kann sich bunt ärgern! Betritt ein Rivale sein Revier, macht es sich größer, bläst sich auf und schimmert vor Erregung in allen Farben. Willst du mit einer neuen, besonders wandlungsfreudigen Art der sonderbaren Echsen verblüffen? Sie braucht keinen Ärger um bunt zu werden – es genügen flüssige Pulpe und deine Fantasie!

Stelle Becher mit verschiedenfarbiger flüssiger Pulpe bereit. Zeichne den Umriss eines Chamäleons und ein Stück Boden auf festes Zeichenpapier. Schneide das Tier und den Boden als Schablonenloch aus. Tauche die Schablone in Wasser und lege das feuchte Papier auf das nasse Sieb des Schöpfrahmens. Wenn du nun nacheinander die Papierfarben vorsichtig in das Schablonenloch schüttest, achte darauf, dass dieselbe Farbe im Bodenstück wie im darüberstehenden Chamäleon erscheint. Der Körper des Chamäleons zeigt so dieselbe Farbe wie der Grund, auf dem es steht. Nimm die Schablone wieder ab. Stürze und drücke den Rahmen mit dem Chamäleon auf ein geschöpftes Hintergrundpapier und presse zwischen Tüchern und Platten das Wasser aus (siehe Seite 34).

CHAMÄLEON	**FUSSBALLSPIELER**
flüssige Pulpe in verschiedenen Farben	*flüssige Pulpe in verschiedenen Farben*
handgeschöpftes Papier	*handgeschöpftes Papier*
Zeichenpapier	*Zeichenpapier*
Bleistift	*Bleistift*
Schere	*Schere*

Aus Leisten und einem feinen Siebgewebe aus Draht oder Plastik kannst du dir einen Schöpfrahmen mit Deckel bauen: Füge die Leisten mit nichtrostenden Schrauben zusammen. Spanne das Siebgewebe über die Leisten und befestige es an der Unterseite des Rahmens mit einem Tacker oder mit kleinen Messingnägeln. Damit du dich an den Enden des Drahtsiebes nicht verletzen kannst, schraube einen zweiten Leistenrahmen über die Siebenden auf die Unterseite. Der Deckel des Schöpfrahmens wird wie das Sieb gebaut, nur ohne Gewebe. Beim Schöpfen wird er fest auf das Sieb gedrückt. Nach dem Schöpfen, wenn das Wasser abgelaufen ist, wird er abgenommen. Der Papierbogen bekommt durch ihn seinen Rand.

Auch beim Fußballspieler werden nacheinander unterschiedliche Farben in die Schablone auf das Schöpfsieb gegossen. Wenn ihr zu zweit seid, könnt ihr ein Team bilden: Einer schöpft den grünen Rasen, der andere gießt die Spielerschablone aus. So habt ihr schnell eine Fußballmannschaft zusammen!

Ferienerinnerungen

Der weiße Rauch der Schlote wird in einem anschließenden Arbeitsgang geschöpft und über dem Dampfer auf das Hintergrundpapier gedrückt. Bilde als letztes für die Bugwelle mit Pappstreifen einen keilförmigen Siebausschnitt und gieße ihn mit blauer Farbe aus. Durch das Sieb kannst du gut sehen, an welcher Stelle du ihn auf das Bild drücken musst. Gib dem Bild einen geschöpften Rahmen. Du kannst es, wie hier zu sehen, einmal mit zerkleinertem Zeitungspapier versuchen.

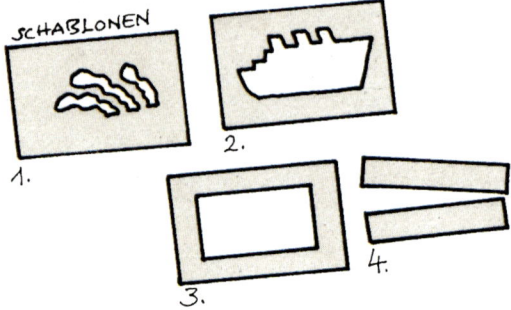

SCHABLONEN

1.

2.

3.

4.

Als Erinnerung an schöne Urlaubstage am Meer dampft der Luxusliner durch die warme Sternennacht. Wie ein blaues Band zieht er seine Bugwelle auf dem dunklen Wasser hinter sich her.

Schöpfe einen Bogen „Sternennacht-Papier" für den Hintergrund. Es soll dunkel sein, doch nicht schwarz, die Silhouette des Dampfers ist sonst nicht mehr zu erkennen. Mit verschiedenfarbigen Papieren, die du im Mixer zerkleinerst (siehe Seite 30) kannst du solange experimentieren, bis dein Schöpfwasser die gewünschte Färbung zeigt. Die „Sternensprenkel" bekommst du so: Zerkleinere im Mixer gelbes und andersfarbige Papiere und unterbreche den Zerkleinerungsprozess vorzeitig. Zwischen den Papierfasern müssen noch kleine Papierstücke schwimmen. Schütte die Mixerfüllung in ein Sieb und spüle unter klarem Wasser die Fasern weg. Zur Schöpffarbe geschüttet, bleibt diese ungetrübt und das Papier erhält seinen Sprenkeleffekt. Als erstes setzt du nun auf den Hintergrundbogen einen Streifen dunkles Meer. Decke dazu einen Teil des Schöpfrahmens mit Pappe ab und gieße auf den verbleibenden Siebstreifen flüssige Pulpe. Schneide die Dampferschablone aus Zeichenpapier, lege sie auf den Schöpfrahmen und gieße sie mit schwarzer Pulpe aus.

Das Porträt von Mozart kannst du frei, ohne Schablone, gießen. Schütte die flüssige Pulpe langsam auf das Sieb des Schöpfrahmens. Wie beim Malen eines Hinterglasbildes achtest du darauf, dass du zuerst die Haare, die Brauen, das Auge, den Mund, den Kragen und das dunkle Rosa von Wangen und Nase gießen musst, bevor du das Rosa der Gesichtsform und das Rot des Rockes darüber schüttest. Auf das geschöpfte Untergrundpapier gestürzt, werden die zugedeckten Einzelheiten wieder sichtbar. Tropfe in das Augenblau eine dunkle Pupille und presse zwischen Tüchern und Platten das Wasser aus dem Porträt.

DAMPFER

Utensilien zum Papierschöpfen

flüssige Pulpe in verschiedenen Farben

dünne Pappe

Zeichenpapier

Bleistift

Schere

MOZART

1 Bogen geschöpftes Papier

Schöpfrahmen

flüssige Pulpe

Tücher und Platten zum Pressen

Wenn die Blätter fallen

Wenn es Herbst wird und sich die Vögel zu ihrer Reise in den Süden sammeln, endet auch der letzte Tanz der Schmetterlinge über den Wiesen. Nur die bunten Falter aus Pulpe haben ein längeres Leben. Freie Formen mit einfachen Umrissen, wie zum Beispiel die der Blätter und Schmetterlinge, kannst du schöpfen oder mit Pulpe gießen, ohne sie auf ein Hintergrundpapier zu pressen. Die einfarbigen Blätter werden geschöpft:

Schneide aus festem Zeichenpapier oder dünnem Karton, von der Größe des Schöpfrahmens, eine Blattform aus. Tauche die Schablone in Wasser, lege sie auf das feuchte Gitter des Schöpfrahmens und setze darüber, zum Festhalten der Schablone, den Deckel.

SCHABLONE

SCHÖPFEN MIT "DECKEL" UND SCHABLONE   1.

2.

3.

TÜCHER

Stürze das Blatt, nachdem du die Schablone abgenommen hast, auf ein feuchtes Tuch. Hast du mehrere Blätter- und Tücherlagen übereinandergestapelt, kannst du sie pressen. Lass die Blätter auf einer glatten Unterlage trocknen.

BLÄTTER

Utensilien zum Papierschöpfen

flüssige Pulpe

festes Zeichenpapier

Bleistift

Schere

Die Schmetterlinge sind mehrfarbig. Sie werden mit Pulpe gegossen:
Stelle dir flüssige Pulpe in verschiedenen Farben bereit und schneide eine Schmetterlingsschablone. Lege sie nass auf einen feuchten Schöpfrahmen und gieße das Schablonenloch vorsichtig mit wechselnden Farben aus. Presse und trockne die Schmetterlinge wie die Blätter.

SCHMETTERLINGE

Schöpfrahmen

flüssige Pulpe

festes Zeichenpapier

Bleistift

Schere

Tücher und Platten zum Pressen

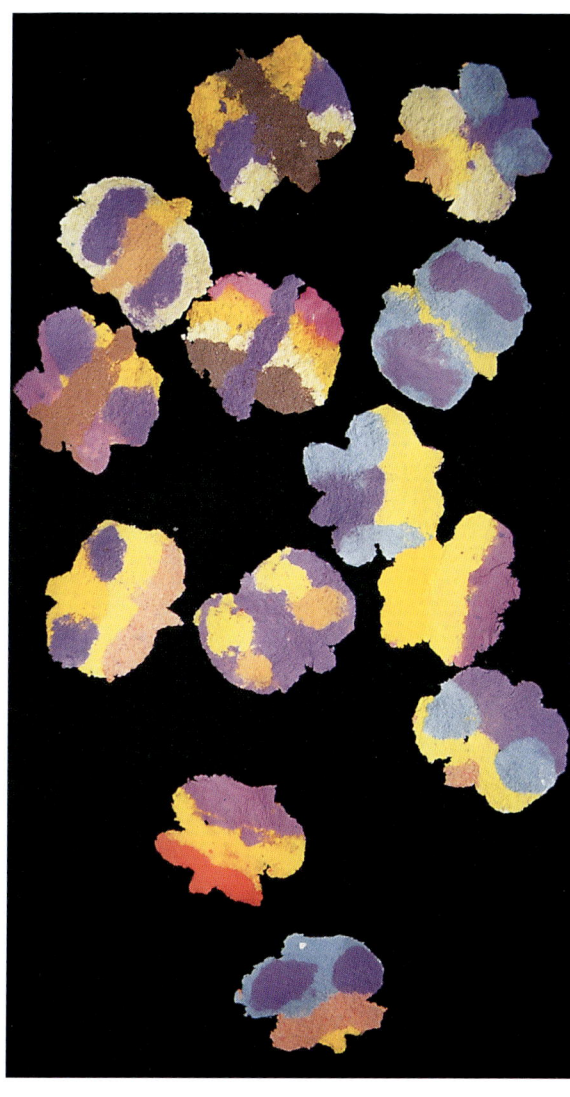

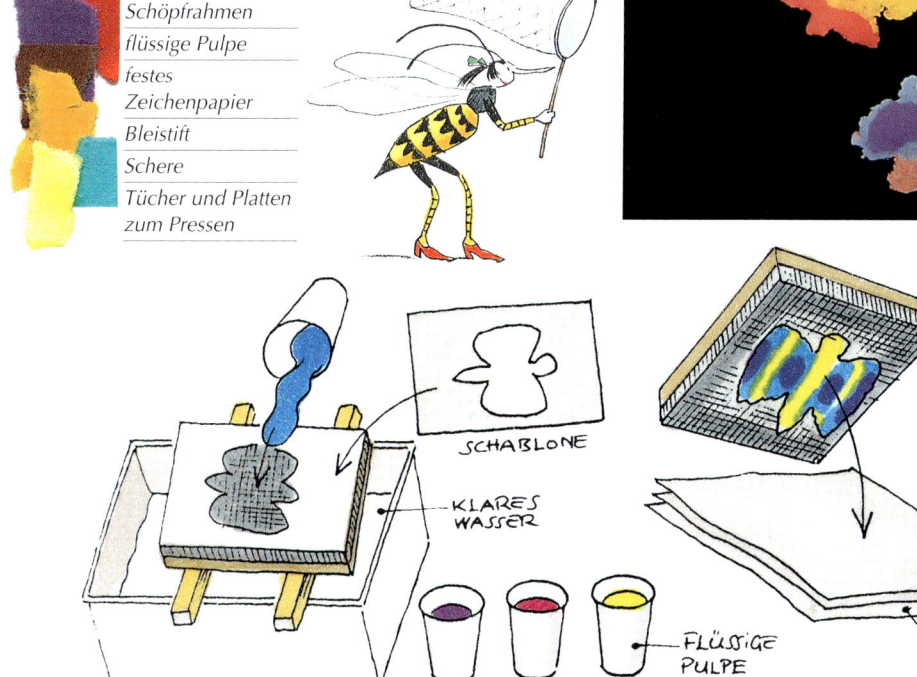

SCHABLONE

KLARES WASSER

FLÜSSIGE PULPE

TÜCHER

Das Schatzhaus

Kleine Kostbarkeiten aus der Natur birgt das Schatzhaus: ein Stück Koralle, eine Muschel und ein Schneckenhaus, eine rund geschliffene Keramikscherbe und die Früchte vom Eukalyptusbaum und einer Steineiche, in der Mitte ein Mandelkern. Vielleicht ist er etwas Besonderes? Vielleicht befindet sich unter seiner harten Schale, fein zusammengelegt, das Ballkleid Aschenbrödels aus silbernen Feenfäden?

Das Schatzhaus besteht aus handgeschöpften Papieren, die über eine Form kaschiert werden. Stelle die Form aus einer Styrodurplatte her. Alle Teile, die später beim fertigen Papierabdruck tief liegen, müssen auf der Form erhöht angebracht werden. Besorge dir eine Glasplatte und schneide mit einem Folienmesser und mit Hilfe eines Eisenlineals folgende Teile aus der Styrodurplatte: das Haus, das Dach, die Treppe und die Stämme der seitlichen Palmen-Wächter. Die Palmenblätter werden ohne Lineal ausgeschnitten. Befestige die Platte mit den Ausschnitten mit Doppelklebeband auf der Glasplatte. Schneide aus den herausgeschnittenen Styrodurresten ein großes Rechteck und sieben kleine Würfel und klebe die Teile mit Doppelklebeband in das Haus (siehe Zeichnung). In den Dachgiebel kannst du ein kleineres Dreieck aus Pappe kleben.

Reiße aus handgeschöpften blauen Papieren – bei unserem Schatzhaus waren sie teilweise mit Gold bedruckt – kleine Stücke. Tauche sie in Wasser und belege damit zuerst den „Hintergrund" des plastischen Bildes. Du musst die Stücke dabei genau an allen ausgeschnittenen Rändern der Platte anlegen. Klebe über die erste Papierschicht eine zweite. Diesmal werden die Papierstücke mit Kleister bestrichen! Ist die Plattenfläche bezogen, werden die Aussparungen und Erhöhungen kaschiert: zuerst mit gewässerten Papierstücken in entsprechender Farbe, dann mit einer Schicht kleistergetränkter Stücke. Damit keine Ritzen und Löcher entstehen, müssen die Papierstücke dabei großzügig über die Schnittkanten auf das blaue Papier geklebt werden. Nach etwa eintägigem Trocknen lässt sich die feste Papierplatte problemlos von der Form lösen, und du kannst die Schatzkammern mit Schätzen füllen.

SCHATZHAUS

handgeschöpftes Papier
Kleister
1 Styrodurplatte (Modellbau)
Folienmesser
Eisenlineal
Doppelklebeband
Glasplatte

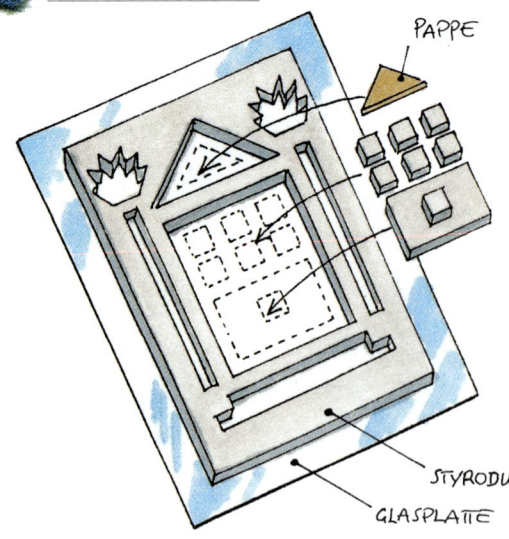

PAPPE

STYRODU

GLASPLATTE